# 01
# CÓMO GESTIONAR TU DINERO

Tú puedes

**La Mar de Fàcil S.L.**
Rbla. Fabra i Puig, 10 1r 1a
08030 Barcelona
www.lamardefacil.com

**Asociación Lectura Fácil**
Ribera, 8 pral.
08003 Barcelona
www.lecturafacil.net



**Dirección de la colección:** Asociación Lectura Fácil

**Coordinación y redacción Lectura Fácil:** Eugènia Salvador y Elisabet Serra (Asociación Lectura Fácil)

**Revisión y adaptación de los contenidos:** Mar Caparrós, Laura Rodríguez y Carme Llorens AURA

FEAPS Navarra ha colaborado en la revisión del texto.

**Traducción:** Karin Labhart
**Diseño colección y maquetación:** Martirià Pagès
**Ilustraciones:** Maria Castelló

**Primera edición:** julio de 2012
**Depósito legal:** B.24287-2012
**ISBN:** 978-84-937165-4-7
**Impresión:**

LF Asociación Lectura Fácil

Este logo identifica los materiales que siguen las directrices internacionales de la IFLA (International Federation of Library Associations and Institutions) en cuanto al lenguaje, al contenido y a la forma, a fin de facilitar su comprensión. Lo otorga la Asociación Lectura Fácil.

# ÍNDICE

# Presentación

¿Por qué un libro sobre cómo gestionar tu dinero?
Todos necesitamos dinero para vivir.
Sin dinero no puedes comprar nada,
ni las cosas más necesarias
ni las que te gustan y te hace ilusión tener.

Debes aprender a gestionar bien tu dinero
para poder disponer de él cuando te haga falta.
En este libro encontrarás algunas orientaciones y consejos
para controlar día a día tus ingresos y tus gastos.

## Cómo utilizar este libro

Los 3 primeros capítulos del libro se corresponden con posibles situaciones de tu vida familiar y laboral:

- ☐ **1.** No trabajas y vives con tu familia
- ☐ **2.** Trabajas y vives con tu familia
- ☐ **3.** Trabajas y vives independiente



En cada capítulo encontrarás unos cuadros con ejemplos inventados de ingresos y gastos. Te pueden servir de modelo para gestionar tu dinero y llegar a fin de mes sin deudas.

En el Anexo, a partir de la página 64, encontrarás los mismos cuadros sin rellenar. Puedes fotocopiarlos y anotar tus ingresos y tus gastos.

Escribe con lápiz. Así podrás borrar y corregir las cifras si te equivocas.
Puedes utilizar una calculadora para sumar y restar.
Guarda todos los documentos en una carpeta para tenerlos siempre ordenados.

# 1

# Si no trabajas y vives con tu familia

Estás estudiando o estás en el paro
y vives con tu familia, que paga los gastos de la casa,
la comida, la ropa, etc.

## 1.1. Ingresos

Cada semana recibes una cantidad de dinero de tu familia.

**Es la paga semanal.**

Debes aprender a organizarte y a gestionar la paga de manera correcta.

También puedes recibir dinero como regalo por tu cumpleaños, por tu santo o por Navidad. Puedes guardar este dinero en una hucha o en una caja en tu habitación.

## 1.2. Gastos

Cuando sales de casa, debes llevar siempre dinero en efectivo en el monedero o en la cartera. El dinero en efectivo son monedas y billetes.

No debes llevar todo tu dinero. Coge solo algunos euros por si necesitas pedir un taxi o comprar algo que te haga falta.

No es necesario que gastes todo el dinero que tienes. Puedes ahorrar y comprarte algo o hacer un regalo a alguien cuando tengas una cantidad suficiente.

Algunos gastos que puedes tener:

- Pagar la entrada del cine, una cena o una bebida en un bar si sales con amigos y amigas.
- Comprar una revista, un periódico o un libro.
- Comprar algo de comida o bebida.
- Comprar un CD que te guste.
- Comprar un regalo para un amigo o amiga, o para alguien de tu familia.

## 1.3. Cómo controlar tu dinero

**Primer paso: Anota y suma tus ingresos semanales**

- En el Cuadro 1 del Anexo anota
  el dinero que recibes en una semana,
  es decir, **tus ingresos semanales**.
  Puedes organizarlo como en el siguiente Cuadro:

| **Ingresos semanales**<br>Del 10 al 16 de enero. 2012 | |
|---|---|
| Paga semanal | 30 € |
| Otros (regalo de Navidad, de cumpleaños...) | 50 € |
| **Total** | **80 €** |

Cuadro 1: Ingresos semanales

**Segundo paso: Anota y suma tus gastos semanales**

- En el Cuadro 2 del Anexo anota, día a día, el dinero que gastas cuando compras algo. Puedes organizarlo como en el siguiente Cuadro:

| | Gastos semanales<br>Del 10 al 16 de enero. 2012 | | | | | | | |
|---|---|---|---|---|---|---|---|---|
| | Lunes | Martes | Miércoles | Jueves | Viernes | Sábado | Domingo | |
| Cine | | | | | | | 7 € | |
| Cena | | | | | | 12 € | | |
| Bebidas | | | | | 2,5 € | | | |
| Libros, revistas | | 12 € | | | | | | |
| CD | | | | | | | | |
| Regalos | | | | 10 € | | | | |
| Otros | | | | | | 10 € | | Total |
| | 0 € | 12 € | 0 € | 10 € | 2,5 € | 22 € | 7 € | 53,5 € |

Cuadro 2: Gastos semanales

**Tercer paso: Dinero que te queda**

- Resta el total de gastos semanales del total de ingresos semanales y sabrás cuánto dinero te queda.

| | | |
|---|---|---|
| | Total ingresos semanales | 80,0 € |
| — | Total gastos semanales | — 53,5 € |
| | Dinero que te queda | 26,5 € |

Cuadro 3: Dinero que te queda

El dinero que queda después de restar los gastos de los ingresos es el **saldo**.

- **Si el saldo es superior a 0**, como en el ejemplo, has gastado menos dinero del que has recibido. Puedes ahorrar, guardarlo para más adelante.
- **Si el saldo es igual a 0**, has gastado lo mismo que has recibido. No debes dinero, pero no puedes ahorrar.
- **Si el saldo es inferior a 0**, es un saldo negativo. Has gastado más de lo que has recibido para pasar la semana. Debes dinero a alguien.

## Resumen

- Es importante anotar en un cuadro el dinero que recibes y el que gastas. Te ayudará a evitar las deudas.
- El dinero que recibes son los **ingresos** y el que gastas, los **gastos**.

## Reflexiona

- ¿Cuánto dinero recibes a la semana?
- ¿Qué gastos tienes?
- ¿Gastas todo el dinero que recibes?
- ¿Has tenido alguna vez un saldo negativo?

## 2

# Si trabajas y vives con tu familia

Si trabajas, cobras un sueldo cada mes
y puedes pagar tus gastos.
También puedes dar una cantidad de dinero
a tu familia para compartir los gastos de la casa.

## 2.1. Ingresos

Si tienes un trabajo, cada mes recibes un sueldo.
Puede que cobres además una pensión.
**Éstos son tus ingresos.**

Ahora debes gestionar más dinero que cuando no trabajabas y tu familia te daba dinero para tus gastos.

Ejemplos de ingresos que puedes tener:

- Tu sueldo, con las pagas extraordinarias que te corresponden
- La pensión
- La prestación por desempleo si has perdido el trabajo
- El dinero que recibes como regalo en ocasiones especiales, por ejemplo, tu cumpleaños o Navidad

Si tienes una cuenta corriente a tu nombre en un banco, puedes pedir que te ingresen allí tu sueldo o pensión.
El dinero que recibes como regalo suele ser en efectivo.
Puedes guardarlo en casa o ingresarlo en el banco.

## 2.2. Gastos

Si vives con tu familia, ésta paga el alquiler,
la comida, las facturas del agua, de la luz…

Cuando trabajas, recibes más dinero
y normalmente tus gastos aumentan.
Puedes compartir los gastos de la casa,
pagar la cuota del gimnasio, la matrícula de un curso…

También puedes ahorrar para hacer un viaje
o guardar el dinero para comprar algo que te guste, más adelante.

Los **gastos** pueden ser **fijos** o **variables**.

Los **gastos fijos** son los que debes pagar periódicamente,
por ejemplo, cada mes, cada dos meses, cada año...

Ejemplos de gastos fijos:

- La cuota del gimnasio
- La cuota de cursos de formación (inglés, música, informática...)
- La suscripción a una revista
- La factura del teléfono móvil

Puedes domiciliar tus gastos fijos en el banco.
Eso quiere decir que das permiso al banco
para que pague esas facturas y no te lo pregunte cada vez.

Los **gastos variables** son los que pagas en efectivo cada vez que:

- Compras una revista, periódico, libro o CD
- Compras algo para comer o beber
- Compras un regalo para un amigo, una amiga o un familiar
- Pagas el cine, una bebida o una cena cuando sales con los amigos
- Vas a la peluquería o a la barbería
- Compras ropa o calzado
- Compras un billete de transporte
- Das dinero en casa para compartir los gastos

## 2.3. Cómo controlar tu dinero

Si tienes dinero en el banco,
debes organizarte para ir sacando dinero
para pagar los gastos en efectivo.

Puedes sacar dinero en la oficina del banco.
Debes presentar tu **DNI** (Documento Nacional de Identidad)
a la persona que te atienda.
También puedes tener una tarjeta a tu nombre
y sacar el dinero de un cajero automático.

Para realizar estas gestiones es importante que pidas ayuda
a tu familia o a una persona de tu confianza.

## a) Cómo controlar el dinero de cada mes

Es importante que sepas cuánto ingresas cada mes
y en qué gastas el dinero. Te ayudará a evitar las deudas.

**Primer paso: Anota y suma los ingresos mensuales**

- Anota el dinero que has ingresado en tu cuenta corriente en un mes.
  Puedes ver el importe de los ingresos en el extracto del banco.
  Es un papel que indica el dinero que has ingresado y el que has sacado de tu cuenta corriente.
- Si tienes otros ingresos, añádelos a la lista.
- Suma todos los importes y sabrás cuánto dinero has recibido en un mes.
- Rellena un Cuadro por cada mes.
  Puedes organizarlo como en el Cuadro 4.

| **Ingresos mensuales** Enero 2012 | |
|---|---|
| Sueldo | 500 € |
| Pensión | |
| Otros (regalos de cumpleaños, de Navidad...) | 60 € |
| **Total** | **560 €** |

Cuadro 4: Ingresos mensuales

**Segundo paso: Anota y suma los gastos mensuales fijos**

- Anota tus gastos fijos.
  Algunos gastos fijos son iguales cada mes, como la cuota del gimnasio.
  Otros gastos varían cada mes según el consumo, como la factura del teléfono móvil.
  Puedes consultar el extracto del banco del mes anterior para saber cuál será el importe aproximado de estos gastos.
- Si tienes otros gastos fijos, añádelos a la lista.
- Suma todos los importes. Ahora sabes el total de euros que necesitas para pagar los gastos fijos de un mes.
- Rellena un Cuadro por cada mes.
  Puedes organizarlo como en el Cuadro 5.

| **Gastos mensuales fijos** Enero 2012 | |
|---|---|
| Cursos de formación | 100 € |
| Teléfono móvil | 32 € |
| Suscripciones a revistas | 25 € |
| Gimnasio | 35 € |
| Otros | |
| **Total** | **192 €** |

Cuadro 5: Gastos mensuales fijos

**Tercer paso: Dinero que te queda**

- Resta el total de los gastos mensuales fijos del total de los ingresos.
- El resultado es el dinero que te queda para pasar el mes.
  Es el dinero del que dispones para tus gastos variables,
  es decir, para comprarte algo, para hacer regalos o para ahorrar.

| | | |
|---|---|---|
| | Total ingresos del mes de enero | 560 € |
| — | Total gastos fijos del mes de enero | — 192 € |
| | Dinero para pasar el mes de enero | 368 € |

Cuadro 6: Dinero que te queda para pasar el mes

## b) Cómo controlar los gastos variables de cada semana

Si sabes cuáles son tus gastos variables semanales, podrás calcular si tienes suficiente dinero para pasar el mes.

Utiliza el Cuadro 7 del Anexo para distribuir los gastos variables semana a semana. Cada mes deberás rellenar 4 cuadros.

Para controlar los gastos variables de una semana:

- Guarda siempre el recibo de todo lo que compras.
- No anotes las pequeñas compras una por una.
  Suma las cantidades en un papel aparte
  y escribe el total en el Cuadro 7 del Anexo.
- Suma todos los gastos de la semana y sabrás cuánto dinero necesitas para gastos variables en una semana.

| | **Gastos variables semanales** Del 10 al 16 de enero. 2012 | | | | | | | |
|---|---|---|---|---|---|---|---|---|
| | **Lunes** | **Martes** | **Miércoles** | **Jueves** | **Viernes** | **Sábado** | **Domingo** | **Total** |
| **Cine** | | | | | | 7 € | | |
| **Cena** | | | | | 12 € | | | |
| **Bebidas** | 2 € | | | | 4 € | | 6,5 € | |
| **Libros, revistas** | | 4,5 € | | | | | | |
| **CD** | | | | 10 € | | | | |
| **Regalos** | | | | | | | | |
| **Otros** | | | 22 € | | | | | |
| | 2 € | 4,5 € | 22 € | 10 € | 16 € | 7 € | 6,5 € | 68 € |

Cuadro 7: Gastos variables semanales

## ¿Cuántos gastos variables has tenido en un mes?

En el Cuadro 8 del Anexo anota el total de gastos variables semanales.
Suma los gastos de todas las semanas para saber
cuántos gastos variables has tenido en un mes.

| **Gastos variables** Enero 2012 | |
|---|---|
| Total gastos semana 1 | 50 € |
| Total gastos semana 2 | 68 € |
| Total gastos semana 3 | 42 € |
| Total gastos semana 4 | 35 € |
| **Total** | **195 €** |

Cuadro 8: Gastos variables en un mes

## ¿Cuánto dinero te queda a final de mes?

Del dinero que te quedaba para pasar el mes,
una vez restados los gastos fijos,
resta ahora los gastos variables.

| | | |
|---|---|---|
| | Dinero que te quedaba para pasar el mes de enero | 368 € |
| — | Total de gastos variables del mes de enero | — 195 € |
| | Dinero que te queda a final de mes | 173 € |

Cuadro 9: Dinero que te queda a final de mes

El dinero que te queda es el **saldo**.

- **Si el saldo es superior a 0,**
  has gastado menos dinero del que has recibido.
  Puedes ahorrar, guardarlo para más adelante.
- **Si el saldo es igual a 0,**
  has gastado lo mismo que has recibido.
  No debes dinero, pero no puedes ahorrar.
- **Si el saldo es inferior a 0,** es un saldo negativo.
  Has gastado más de lo que has recibido.
  Te falta dinero, ¡tienes deudas! Debes gastar menos.

## Resumen

- Cada mes recibes un sueldo o una pensión.
  Son tus **ingresos**.
- Normalmente te ingresan el sueldo en tu cuenta corriente.
  Pero también puedes tener otros ingresos en efectivo,
  como el regalo de cumpleaños o el de Navidad,
  que puedes guardar en casa o ingresar en el banco.
  Con estos ingresos debes pagar tus gastos mensuales.
- Los **gastos** son el dinero que pagas para comprar algo
  o recibir algún servicio, como ir al dentista o a la peluquería.
- Los **gastos fijos** son cantidades que pagas periódicamente.
- Los **gastos variables** son cantidades diferentes cada mes
  porque dependen de lo que gastes.
- Anota bien todos los gastos, tanto fijos como variables.
  Es necesario gestionar bien el dinero para no tener deudas.

### Reflexiona

- ¿Cuánto dinero cobras cada mes?
- ¿Gastas siempre todo lo que cobras o intentas ahorrar?
- ¿Has comprado cosas que luego no te han gustado
  o que no te han servido?
- ¿Tienes una cuenta corriente?
- ¿Cómo sacas dinero en efectivo de tu cuenta corriente?

3

## Si trabajas y vives independiente

Trabajas, cobras un sueldo y ya no vives con tu familia.
Dependes de tu sueldo o pensión para pagar tus gastos.
Quizás vives solo o con alguien con quien compartes la casa y los gastos.
Es más importante que antes gestionar bien el dinero.

## 3.1. Ingresos

Si tienes un trabajo, cada mes cobras un sueldo.
Puede que también cobres una pensión.
**Éstos son tus ingresos.**

Ahora debes gestionar más dinero que cuando no trabajabas
y tu familia te daba dinero para tus gastos.

Ejemplos de ingresos que puedes tener:

- Tu sueldo, con las pagas extraordinarias que te corresponden
- La pensión
- La prestación por desempleo, si has perdido el trabajo
- El dinero que recibes como regalo por tu cumpleaños o Navidad

Normalmente te ingresan el sueldo o pensión
en tu cuenta corriente del banco.
Tienes que abrir una cuenta corriente a tu nombre
donde guardar el dinero.
El dinero que recibes como regalo suele ser en efectivo.
Puedes guardarlo en casa o ingresarlo en el banco.

Para sacar dinero en efectivo de tu cuenta corriente
debes presentar tu **DNI** (Documento Nacional de Identidad)
a la persona del banco que te atienda.
También puedes tener una tarjeta a tu nombre
y sacar el dinero de un cajero automático.

Para realizar estas gestiones es importante que pidas ayuda
a tu familia o a una persona de tu confianza.

## 3.2. Gastos

Tus gastos son el dinero que pagas
para comprar algo o recibir servicios.

Cada mes tienes gastos fijos y gastos variables.

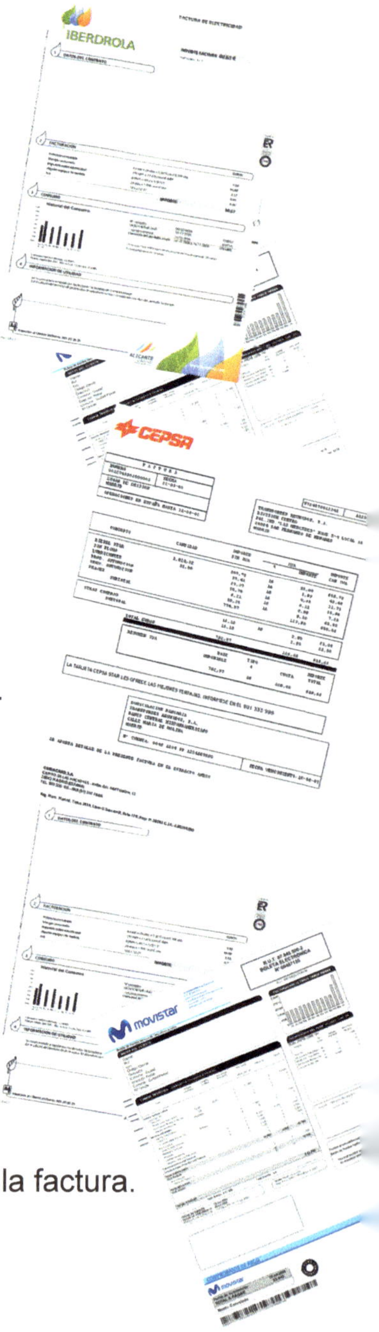


### 1. Gastos fijos

Son gastos que has de pagar periódicamente,
es decir, cada cierto tiempo.
La mayoría de los gastos fijos los pagas cada mes.
Otros los pagas sólo una vez al año.

Es habitual domiciliar los gastos fijos en el banco.
Eso quiere decir que das permiso al banco
para que pague esas facturas y no te lo pregunte cada vez.

Por ejemplo:

- El alquiler del piso
- Las facturas del gas, la luz, el agua…
- La factura del teléfono móvil

Si domicilias los gastos,
asegúrate que tienes dinero en el banco para pagarlos.

Si te retrasas en el pago, puedes tener problemas.
Por ejemplo, pueden desconectarte el teléfono si no pagas la factura.
O pueden echarte de tu casa si no pagas el alquiler.

### 2. Gastos variables

Son diferentes cada mes porque dependen de lo que gastas.
Puedes clasificarlos como gastos personales o gastos de ocio.

### 2.1. Gastos personales

Es el dinero con el que compras cosas para ti.
Las cosas más importantes son la comida y la bebida,
los productos de higiene personal y de limpieza de la casa...

Después de pagar las cosas más importantes,
con el dinero que te queda puedes comprarte ropa,
ir a la peluquería o ahorrar.

Puedes pagar estos gastos con tu tarjeta o en efectivo.

### 2.2. Gastos de ocio

Es el dinero que gastas en comprar regalos o divertirte.
Por ejemplo, si compras un libro que quieres regalar
a un amigo o amiga por su cumpleaños.
O si pagas una bebida cuando sales con los amigos.
Normalmente pagas los gastos de ocio en efectivo.

## 3.3. Cómo controlar tu dinero

Con tus ingresos debes pagar todos los gastos del mes,
como el alquiler del piso
o las facturas de los servicios básicos (agua, luz, gas).
Por eso, debes saber cuánto dinero tienes
en tu cuenta corriente.

Pide a menudo los extractos al banco.
El extracto es un papel que indica el dinero que has ingresado
y el que has sacado de tu cuenta corriente.
Encontrarás un ejemplo en la página 47.

En la columna "Saldo" puedes ver la cifra
que indica la cantidad de dinero que te queda
(mira la cifra de la fecha más reciente).

Si a la izquierda de esta cifra
hay un signo menos o signo negativo (—)
quiere decir que has gastado más de lo que has ingresado.
Tienes una deuda con el banco.

El banco te cobrará una cantidad de dinero
por cada día que pase y tu cuenta tenga saldo negativo.
Ingresa dinero tan pronto como puedas
para que el saldo deje de ser negativo.

## a) Cómo controlar el dinero de cada mes

Es importante que sepas cuánto ingresas cada mes
y en qué gastas el dinero. Te ayudará a evitar las deudas.

**Primer paso: Anota y suma los ingresos mensuales**

- Anota el dinero que has ingresado en tu cuenta corriente en un mes.
  Puedes ver el importe de los ingresos en el extracto del banco.
- Si tienes otros ingresos, añádelos a la lista.
- Suma todos los importes y sabrás cuánto dinero has recibido en un mes.
- Rellena un Cuadro por cada mes.
  Puedes organizarlo como en el Cuadro 10.

| Ingresos mensuales<br>Enero 2012 | |
|---|---|
| Sueldo | 500 € |
| Pensión | 100 € |
| Otros (regalo de cumpleaños, de Navidad,...) | 30 € |
| **Total** | **630 €** |

Cuadro 10: Ingresos mensuales

**Segundo paso: Anota y suma los gastos mensuales fijos**

- Anota tus gastos fijos.
  Algunos gastos fijos son iguales cada mes,
  como el alquiler del piso o la cuota del gimnasio.
  Otros gastos varían según el consumo, como la luz, el agua y el gas.
  Puedes consultar el extracto del banco del mes anterior
  para saber cuál será el importe aproximado de estos gastos.
  Ten en cuenta que algunas facturas de los servicios básicos,
  como el gas y el agua, las pagas cada 2 y 3 meses.
- Si tienes otros gastos fijos, añádelos a la lista.
- Suma todos los importes. Ahora sabes el total de euros
  que necesitas para pagar los gastos fijos de un mes.
- Rellena un Cuadro por cada mes.
  Puedes organizarlo como en el Cuadro 11.

| **Gastos mensuales fijos**<br>Enero 2012 | |
|---|---|
| Alquiler | 300 € |
| Agua | 30 € |
| Gas | 35 € |
| Luz | 22 € |
| Seguro | 15 € |
| Teléfono móvil | 28 € |
| Suscripciones a revistas | 25 € |
| Gimnasio | 35 € |
| Otros | |
| **Total** | **490 €** |

Cuadro 11: Gastos mensuales fijos

**Tercer paso: Dinero que te queda**

- Resta el total de los gastos fijos mensuales del total de los ingresos.
- El resultado es el dinero que te queda para pasar el mes. Es el dinero del que dispones para tus gastos variables, es decir, para comprar algo para ti, para la casa, para hacer regalos o para ahorrar.

| | | |
|---|---|---|
| | Total ingresos del mes de enero | 630 € |
| — | Total gastos fijos del mes de enero | — 490 € |
| | Dinero para pasar el mes de enero | 140 € |

Cuadro 12: Dinero que te queda para pasar el mes

## b) Cómo controlar los gastos variables de cada semana

Si sabes cuáles son tus gastos variables semanales,
ya sean personales o de ocio, podrás calcular si tienes suficiente dinero para pasar el mes.

Utiliza el Cuadro 13 del Anexo para distribuir los gastos variables semana a semana. Cada mes deberás rellenar 4 cuadros.

Para controlar los gastos variables de una semana:

- Guarda siempre el recibo de todo lo que compras.
- No anotes las pequeñas compras una por una.
  Suma las cantidades en un papel aparte
  y escribe el total en el Cuadro 13 del Anexo.
- Suma todos los gastos de la semana y sabrás cuánto dinero necesitas para gastos variables en una semana.

| | Gastos variables semanales<br>Del 10 al 16 de enero. 2012 | | | | | | | |
|---|---|---|---|---|---|---|---|---|
| | Lunes | Martes | Miércoles | Jueves | Viernes | Sábado | Domingo | |
| Gastos personales | | | | | | | | |
| Comida | 25,65 € | | | | | | | |
| Ropa | | | | | 30 € | | | |
| Productos de higiene | | 12,35 € | | | | | | |
| Peluquería | | | | 26 € | | | | |
| Transporte | | | 6,50 € | | | | | |
| Otros | | | | | | | | |
| Gastos de ocio | | | | | | | | |
| Cine | | | | | | | 7 € | |
| Libros | | | | | 14 € | | | |
| Regalos | | | | | | 15 € | | |
| Viajes | | | | | | | | |
| Otros | | | | | | | | Total |
| | 25,65 € | 12,35 € | 6,50 € | 26 € | 44 € | 15 € | 7 € | 136.50 € |

Cuadro 13: Gastos variables semanales

**¿Cuántos gastos variables has tenido en un mes?**

En el Cuadro 14 del Anexo anota el total de gastos variables semanales.

Suma los gastos de todas las semanas para saber cuánto gastos variables has tenido en un mes.

| Gastos variables<br>Enero 2012 | |
|---|---|
| Total gastos semana 1 | 100 € |
| Total gastos semana 2 | 136,50 € |
| Total gastos semana 3 | 67 € |
| Total gastos semana 4 | 50 € |
| **Total** | **353,50 €** |

Cuadro 14: Gastos variables en un mes

**¿Cuánto dinero te queda a final de mes?**

Del dinero que te quedaba para pasar el mes,
una vez restados los gastos fijos,
resta ahora los gastos variables.

| | | |
|---|---|---|
| | Dinero que te quedaba para pasar el mes de enero | 140 € |
| — | Total gastos variables del mes de enero | — 353,5 € |
| | Dinero que te queda a final de mes | — 213,5 € |

Cuadro 15: Dinero que te queda a final de mes

El dinero que te queda es el **saldo**.

- **Si el saldo es superior a 0,**
  has gastado menos dinero del que has recibido.
  Puedes ahorrar, guardarlo para más adelante.
- **Si el saldo es igual a 0,**
  has gastado lo mismo que has recibido.
  No debes dinero, pero no puedes ahorrar.
- **Si el saldo es inferior a 0,** es un saldo negativo.
  Has gastado más de lo que has recibido.
  Te falta dinero, ¡tienes deudas! Debes gastar menos.

## Resumen

- Cada mes recibes un sueldo o una pensión. Son tus **ingresos**.
- Es posible que te ingresen el sueldo en tu cuenta corriente.
  Pero también puedes tener otros ingresos en efectivo,
  como el regalo de cumpleaños o el de Navidad.
  Con estos ingresos debes pagar tus gastos del mes.
- Los **gastos** son el dinero que pagas
  para comprar algo o recibir algún servicio,
  como ir al dentista o a la peluquería.
- Los **gastos fijos** son cantidades que pagas periódicamente.
- Los **gastos variables** son cantidades diferentes cada mes
  porque dependen de lo que gastas.
  Pueden ser **personales**, cuando compras algo para ti o para la casa,
  o **de ocio**, cuando compras regalos o sales a divertirte.
- Anota bien todos los gastos, tanto fijos como variables.
  Debes gestionar bien tu dinero para no tener deudas.

## Reflexiona

- ¿Qué ingresos tienes cada mes?
- Con el dinero que ganas ¿llegas a fin de mes?
- ¿Qué gastos fijos tienes cada mes?
- ¿Gastaste mucho dinero el último mes en gastos personales?
- ¿En qué gastaste más?
- ¿Recibes extractos bancarios? ¿Compruebas que el saldo
  no tenga un signo negativo (–) a la izquierda de la cifra?

4

# Ordena tus documentos

Controlar tu dinero es un trabajo laborioso.
Y puede ser más difícil si no encuentras los extractos
que te envía el banco, las facturas,
las nóminas de tu sueldo y otros documentos.

No tires nunca las cartas del banco
sin haberlas leído antes.
Guarda todos los extractos en el mismo lugar.
Éste es el primer paso para mantener un orden.

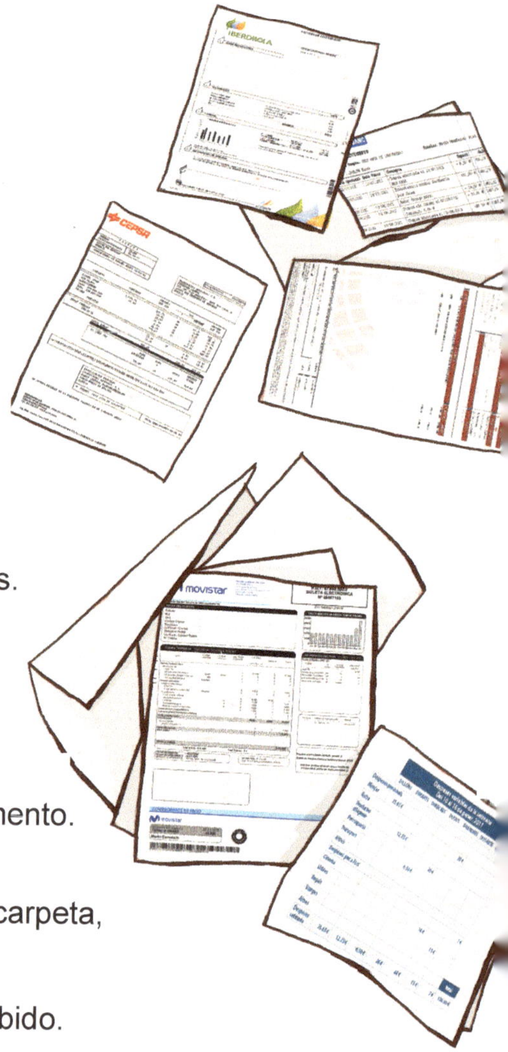

Documentos importantes que debes guardar:

- Los extractos de tu cuenta corriente
- Las facturas
- Las nóminas de tu sueldo

No guardes los documentos importantes
en una caja cualquiera, como una caja de zapatos.
Te será imposible ordenarlos.

Guarda siempre todos los documentos
en el mismo lugar de tu habitación.
De esta manera no perderás nunca ningún documento.

Pon todos los extractos del banco juntos, en una carpeta,
en el mismo orden en que te llegan.
Así te será fácil saber la fecha en que los has recibido.
Haz lo mismo con el resto de los documentos.

## El extracto del banco

Es un papel que te envía el banco por correo postal a tu casa.
También lo puedes pedir o consultar por Internet.
En el extracto aparecen todos los gastos que has tenido
y el dinero que te queda en el banco.

¿Qué información aparece en el extracto del banco?

- **Importe de ingresos y gastos**

  Los ingresos son las entradas de dinero que recibes
  en tu cuenta corriente.
  Los gastos son el dinero que has pagado.
  Los gastos van precedidos de un signo negativo (—).

- **Saldo**

  Es la cantidad de dinero que hay en tu cuenta corriente.
  Si has gastado más de lo que tenías en el banco,
  aparece un signo negativo (—) a la izquierda del número.
  Si tienes dinero, no aparece ningún signo negativo.

TU BANCO

SALDO Y MOVIMENTOS

**Número de Cuenta:** 4525 4858 25 1587549287 **Titular:** Maria Masferrer Prat

**Saldo:** 1.355,84 Euros

| Fecha operación | Fecha valor | Concepto | Importe | Saldo |
|---|---|---|---|---|
| 05/08/2011 | 05/08/2011 | Compra efectuada el 05/08/2011 Deportes ACB | -45,58 € | 1.355,84 € |
| 01/08/2011 | 01/08/2011 | Recibo Orange móvil | - 28,58 € | 1.401,42 € |
| 01/08/2011 | 01/08/2011 | Disposición Cajero el 01/08/2011 Comisión: 0,00 € | - 50,00 € | 1.430,00 € |
| 28/07/2011 | 28/07/2011 | Transferencia nómina Jardinería Sant Jaime | 550,00 € | 1.480,00 € |
| 22/07/2011 | 22/07/2011 | Compra efectuada el 22/07/2011 BUS URBANO | - 9,75 € | 930,00 € |

## Resumen

- Guarda todos los documentos relacionados con tu dinero juntos en una carpeta. I guarda la carpeta siempre en el mismo lugar.

## Reflexiona

- ¿Dónde guardas los documentos y extractos del banco?
- ¿Tienes bien ordenados todos tus documentos y extractos?
- ¿Los guardas en el mismo orden en que los has recibido?
- ¿Has recibido algún extracto del banco con saldo negativo?
- ¿Qué debes hacer en ese caso?

# 5

## Consejos prácticos

Todos hemos tenido alguna vez problemas de dinero.
Para evitar estos problemas hay una solución:
reducir los gastos.
Piensa en qué puedes gastar el dinero y en qué no.
Es una decisión difícil.
Te ayudamos a decidir qué gastos puedes reducir.

## 5.1. Reducir gastos

Antes de comprar algo, pregúntate si realmente lo necesitas. El problema con las ofertas y la publicidad es que al final gastas más dinero del que tienes.

En el siguiente Cuadro hay cosas que a veces compramos porque parecen baratas. Pero ¿son realmente baratas? Piensa si las necesitas, las necesitas poco o no las necesitas. En el Cuadro 16 del Anexo, haz una cruz con lápiz en las casillas que correspondan.

| | Lo necesito | Lo necesito poco | No lo necesito |
|---|---|---|---|
| **Ropa y zapatos** | | | |
| **Patatas fritas y dulces** | | | |
| **CD** | | | |
| **Comida y bebida** | | | |
| **Juegos de ordenador** | | | |
| **Champú** | | | |
| **Libros** | | | |
| **Patines** | | | |
| **Revistas** | | | |

Cuadro 16: ¿Necesitas todo esto?

## Reflexiona

- ¿Qué objetos de la lista no necesitas?
- Mira lo que tienes en tu habitación y en la cocina.
  ¿Qué productos compraste después de verlos en un anuncio?
- Haz una lista de las cosas que necesitas
  y otra de las que necesitas poco o no necesitas.

## 5.2. Evitar deudas

¿Has gastado todo el dinero y hasta dentro de una semana
no cobras tu sueldo o prestación por desempleo?
Esto nos ha pasado a todos en algún momento,
pero debes intentar evitarlo.
Debes conseguir llegar a fin de mes con tu dinero.

Si no puedes seguir pagando tus gastos fijos,
como los servicios básicos,
la compañía te puede cortar el suministro del agua, de la luz…

¿Te falta dinero cada mes?
¿No consigues gestionar tu dinero?
Pide ayuda a un familiar o a una persona de tu confianza.

## 5.3. Ahorrar dinero

No debes gastar todo el sueldo de un mes en una sola cosa,
como un equipo de música.
Te conviene ahorrar algo de dinero
para situaciones inesperadas o gastos imprevistos,
por ejemplo:
unas gafas nuevas, si se te rompen las que llevas;
la reparación de la lavadora o la nevera, si dejan de funcionar;
o para comprar algo que te guste.

**¿Dónde guardas el dinero ahorrado?**

Puedes guardarlo en casa, en una hucha o caja, o en el banco.
Si tienes mucho dinero
es mejor que lo guardes en una cuenta corriente en el banco.
Así tu dinero estará seguro.

Para ahorrar puedes poner cada mes una parte de tu sueldo
en una cuenta de ahorro. ¿Cuánto dinero?
Eso debes decidirlo tú.
Para saber cuánto dinero puedes ahorrar cada mes,
comprueba las cifras que has anotado
en tu Cuadro de ingresos y gastos.

## Reflexiona

- Mira los extractos de tu cuenta bancaria
  o el dinero que tienes guardado en casa.
  ¿Cuánto dinero has ahorrado?
- ¿Qué harás con tus ahorros?

## Otros consejos para ahorrar dinero

· **Rebajas**

Compra la ropa en época de rebajas.
Las rebajas son normalmente en enero y julio.
La ropa y el calzado son más baratos.

Ve de rebajas cuando te haga falta algo,
si no, puede que compres cosas que no necesitas.

· **Hacer un buen uso del móvil**

El teléfono móvil permite comunicarte con otras personas y estar localizable.
Pero debes hacer un buen uso de él
si no quieres pagar mucho dinero en la factura.

Mucha gente tiene deudas por hablar demasiado por teléfono móvil.
Evita hacer llamadas innecesarias
y llama sólo cuando sea urgente:
por ejemplo, si te encuentras mal, te has perdido
o quieres pedir ayuda a tu familia
en una situación que no sabes resolver…

Si quieres llamar a los amigos y amigas para saber cómo están,
para quedar para el fin de semana, o pedir hora para ir al médico,
puedes esperar y llamar desde el teléfono fijo de casa.

· **Pedir en préstamo en la biblioteca**

¿Eres socio de una biblioteca?

Puedes pedir en préstamo los libros que quieres leer.

En la biblioteca también hay música y vídeos.

No tendrás que pagar nada.

· **Segunda mano**

Las cosas de segunda mano son más baratas que las nuevas.
En la mayoría de las ciudades hay mercados
y tiendas de segunda mano donde encontrarás muebles,
material de deporte o ropa.
Comprueba que los productos estén en buen estado.

· **Haz cosas tú mismo**

¿Vas a una fiesta de cumpleaños?
Utiliza la imaginación y haz tú mismo el regalo.
Puede ser un pastel o un escrito.

· **Saber comprar**

- No vayas al supermercado cuando tengas hambre.
  Normalmente compras más cuando tienes hambre.
  Come algo antes de ir y así comprarás menos.
- Cuando vayas al supermercado,
  haz una lista de todo lo que necesitas.
- No pagues con tarjeta en el supermercado.
  Paga tus compras con dinero en efectivo.
  Así sabrás cuánto dinero estás gastando.
- No compres cuando vienen a tu casa a vender productos.
  Han engañado a mucha gente.
  En una tienda puedes cambiar el producto.
  El vendedor que viene a tu casa
  es probable que después no puedas localizarlo.

## Resumen

- Cuando te falte dinero, debes reducir gastos.
  Es mejor no gastar mucho dinero en cosas que no necesitas.
- A veces tenemos deudas.
  Si tienes deudas y no sabes qué hacer, pide ayuda.
  Así evitarás que tus deudas aumenten.
- Es aconsejable tener siempre ahorros
  para hacer frente a situaciones inesperadas.
- Compara precios y busca la tienda más barata.
  Infórmate bien sobre las rebajas y los descuentos.
  No te dejes influir por los anuncios.
  Pregúntate: "¿Realmente necesito esto?".
  Si dudas, no lo compres.

## Reflexiona

- ¿Crees que los anuncios que ves en la televisión te influyen a la hora de comprar?
- ¿Te han vendido alguna cosa que estaba rota o estropeada?
- ¿Has ido a reclamar a la tienda? ¿Te cambiaron el producto?

6

# Anexo

En este Anexo encontrarás los mismos cuadros que en el texto, sin rellenar.

Puedes fotocopiarlos y anotar tus ingresos y gastos.

Escribe con un lápiz. Así podrás borrar y corregir las cifras si te equivocas.

Puedes utilizar una calculadora para sumar y restar.

Guarda todos los documentos en una carpeta para tenerlos siempre ordenados.

## 1 Si no trabajas y vives con tu familia

**Cuadro 1:** Ingresos semanales (pág. 12)

| Ingresos semanales<br>Del ___ al ___ de ________ . ______ | |
|---|---|
| Paga semanal | |
| Otros (regalo de Navidad, de cumpleaños...) | |
| **Total** | |

**Cuadro 2:** Gastos semanales (pág. 13)

| | Gastos semanales<br>Del ___ al ___ de ________ . ______ | | | | | | | |
|---|---|---|---|---|---|---|---|---|
| | **Lunes** | **Martes** | **Miércoles** | **Jueves** | **Viernes** | **Sábado** | **Domingo** | |
| **Cine** | | | | | | | | |
| **Cena** | | | | | | | | |
| **Bebidas** | | | | | | | | |
| **Libros, revistas** | | | | | | | | |
| **CD** | | | | | | | | |
| **Regalos** | | | | | | | | |
| **Otros** | | | | | | | | **Total** |
| | | | | | | | | |

**Cuadro 3:** Dinero que te queda (pág. 14)

| | | | |
|---|---|---|---|
| | Total ingresos semanales | | ______ |
| — | Total gastos semanales | — | ______ |
| | Dinero que te queda | | ______ |

## 2 Si trabajas y vives con tu familia

**Cuadro 4:** Ingresos mensuales (pág. 22)

| **Ingresos mensuales** <br> ________ ______ | |
|---|---|
| Sueldo | |
| Pensión | |
| Otros (regalos de cumpleaños, de Navidad...) | |
| **Total** | |

**Cuadro 5:** Gastos mensuales fijos (pág. 23)

| **Gastos mensuales fijos** <br> ________ ______ | |
|---|---|
| Cursos de formación | |
| Teléfono móvil | |
| Suscripciones a revistas | |
| Gimnasio | |
| Otros | |
| **Total** | |

**Cuadro 6:** Dinero que te queda para pasar el mes (pág. 24)

Total ingresos del mes de ____________ ______

— Total gastos fijos del mes de __________ — ______

Dinero para pasar el mes de _____________ ______

**Cuadro 7:** Gastos variables semanales (pág. 25)
Normalmente los meses tienen 4 semanas.
Por eso hay 4 cuadros, 1 por semana.

semana 1

Gastos variables semanales

Del ____ al ____ de __________ . ______

| | Lunes | Martes | Miércoles | Jueves | Viernes | Sábado | Domingo | |
|---|---|---|---|---|---|---|---|---|
| Cine | | | | | | | | |
| Cena | | | | | | | | |
| Bebidas | | | | | | | | |
| Libros, revistas | | | | | | | | |
| CD | | | | | | | | |
| Regalos | | | | | | | | |
| Otros | | | | | | | | Total |
| | | | | | | | | |

semana 2

Gastos variables semanales

Del ____ al ____ de __________ . ______

| | Lunes | Martes | Miércoles | Jueves | Viernes | Sábado | Domingo | |
|---|---|---|---|---|---|---|---|---|
| Cine | | | | | | | | |
| Cena | | | | | | | | |
| Bebidas | | | | | | | | |
| Libros, revistas | | | | | | | | |
| CD | | | | | | | | |
| Regalos | | | | | | | | |
| Otros | | | | | | | | Total |
| | | | | | | | | |

**Cuadro 7:** Gastos variables semanales (pág. 25)

semana 3

| | Gastos variables semanales<br>Del ___ al ___ de _________ . ______ | | | | | | | |
|---|---|---|---|---|---|---|---|---|
| | Lunes | Martes | Miércoles | Jueves | Viernes | Sábado | Domingo | |
| Cine | | | | | | | | |
| Cena | | | | | | | | |
| Bebidas | | | | | | | | |
| Libros, revistas | | | | | | | | |
| CD | | | | | | | | |
| Regalos | | | | | | | | |
| Otros | | | | | | | | Total |
| | | | | | | | | |

semana 4

| | Gastos variables semanales<br>Del ___ al ___ de _________ . ______ | | | | | | | |
|---|---|---|---|---|---|---|---|---|
| | Lunes | Martes | Miércoles | Jueves | Viernes | Sábado | Domingo | |
| Cine | | | | | | | | |
| Cena | | | | | | | | |
| Bebidas | | | | | | | | |
| Libros, revistas | | | | | | | | |
| CD | | | | | | | | |
| Regalos | | | | | | | | |
| Otros | | | | | | | | Total |
| | | | | | | | | |

**Cuadro 8:** Gastos variables en un mes (pág. 26)

| **Gastos variables** ______ ______ | |
|---|---|
| Total gastos semana 1 | |
| Total gastos semana 2 | |
| Total gastos semana 3 | |
| Total gastos semana 4 | |
| **Total** | |

**Cuadro 9:** Dinero que te queda a final de mes (pág. 26)

Dinero que te quedaba para pasar el mes de ____________ ______

— Total de gastos variables del mes de ____________ — ______

Dinero que te queda a final de mes ______

## 3 Si trabajas y vives independiente

**Cuadro 10:** Ingresos mensuales (pág. 37)

| Ingresos mensuales<br>________ ______ | |
|---|---|
| Sueldo | |
| Pensión | |
| Otros (regalo de cumpleaños, de Navidad,...) | |
| **Total** | |

**Cuadro 11:** Gastos mensuales fijos (pág. 38)

| Gastos mensuales fijos<br>________ ______ | |
|---|---|
| Alquiler | |
| Agua | |
| Gas | |
| Luz | |
| Seguro | |
| Teléfono móvil | |
| Suscripciones a revistas | |
| Gimnasio | |
| Otros | |
| **Total** | |

**Cuadro 12:** Dinero que te queda para pasar el mes (pág. 39)

Total ingresos del mes de ____________ ______

— Total gastos fijos del mes de ____________ — ______

Dinero para pasar el mes de ____________ ______

**Cuadro 13:** Gastos variables semanales (pág. 40)

Normalmente los meses tienen 4 semanas.

Por eso hay 4 cuadros, 1 por semana.

**semana 1**

| Gastos variables semanales<br>Del ____ al ____ de __________ . ______ | | | | | | | | |
|---|---|---|---|---|---|---|---|---|
| | Lunes | Martes | Miércoles | Jueves | Viernes | Sábado | Domingo | |
| **Gastos personales** | | | | | | | | |
| Comida | | | | | | | | |
| Ropa | | | | | | | | |
| Productos de higiene | | | | | | | | |
| Peluquería | | | | | | | | |
| Transporte | | | | | | | | |
| Otros | | | | | | | | |
| **Gastos de ocio** | | | | | | | | |
| Cine | | | | | | | | |
| Libros | | | | | | | | |
| Regalos | | | | | | | | |
| Viajes | | | | | | | | |
| Otros | | | | | | | | Total |
| | | | | | | | | |

**semana 2**

| Gastos variables semanales<br>Del ____ al ____ de __________ . ______ | | | | | | | | |
|---|---|---|---|---|---|---|---|---|
| | Lunes | Martes | Miércoles | Jueves | Viernes | Sábado | Domingo | |
| **Gastos personales** | | | | | | | | |
| Comida | | | | | | | | |
| Ropa | | | | | | | | |
| Productos de higiene | | | | | | | | |
| Peluquería | | | | | | | | |
| Transporte | | | | | | | | |
| Otros | | | | | | | | |
| **Gastos de ocio** | | | | | | | | |
| Cine | | | | | | | | |
| Libros | | | | | | | | |
| Regalos | | | | | | | | |
| Viajes | | | | | | | | |
| Otros | | | | | | | | Total |
| | | | | | | | | |

**Cuadro 13:** Gastos variables semanales (pág. 40)

**semana 3**

**Gastos variables semanales**

Del ____ al ____ de ____________ . ________

| | Lunes | Martes | Miércoles | Jueves | Viernes | Sábado | Domingo | |
|---|---|---|---|---|---|---|---|---|
| **Gastos personales** | | | | | | | | |
| Comida | | | | | | | | |
| Ropa | | | | | | | | |
| Productos de higiene | | | | | | | | |
| Peluquería | | | | | | | | |
| Transporte | | | | | | | | |
| Otros | | | | | | | | |
| **Gastos de ocio** | | | | | | | | |
| Cine | | | | | | | | |
| Libros | | | | | | | | |
| Regalos | | | | | | | | |
| Viajes | | | | | | | | |
| Otros | | | | | | | | Total |
| | | | | | | | | |

**semana 4**

**Gastos variables semanales**

Del ____ al ____ de ____________ . ________

| | Lunes | Martes | Miércoles | Jueves | Viernes | Sábado | Domingo | |
|---|---|---|---|---|---|---|---|---|
| **Gastos personales** | | | | | | | | |
| Comida | | | | | | | | |
| Ropa | | | | | | | | |
| Productos de higiene | | | | | | | | |
| Peluquería | | | | | | | | |
| Transporte | | | | | | | | |
| Otros | | | | | | | | |
| **Gastos de ocio** | | | | | | | | |
| Cine | | | | | | | | |
| Libros | | | | | | | | |
| Regalos | | | | | | | | |
| Viajes | | | | | | | | |
| Otros | | | | | | | | Total |
| | | | | | | | | |

**Cuadro 14:** Gastos variables en un mes (pág. 41)

| **Gastos variables** ________ ______ | |
|---|---|
| Total gastos semana 1 | |
| Total gastos semana 2 | |
| Total gastos semana 3 | |
| Total gastos semana 4 | |
| **Total** | |

**Cuadro 15:** Dinero que te queda a final de mes (pág.42)

Dinero que te quedaba para pasar el mes de ____________ ______

— Total gastos variables del mes de ____________ — ______

Dinero que te queda a final de mes ______

## 5 Consejos prácticos

**Cuadro 16:** ¿Necesitas todo esto? (pág. 52)

| | Lo necesito | Lo necesito poco | No lo necesito |
|---|---|---|---|
| Ropa y zapatos | | | |
| Patatas fritas y dulces | | | |
| CD | | | |
| Comida y bebida | | | |
| Juegos de ordenador | | | |
| Champú | | | |
| Libros | | | |
| Patines | | | |
| Revistas | | | |